JE SAIS TOUT

LES ANIMAUX DU CANADA

UN PEU D'HISTOIRE
ANECDOTES
COMPARAISONS
TROUVE L'INTRUS
UN BRIN DE CULTURE
LE SAVAIS-TU ?
ASSOCIATIONS
ENVIRONNEMENT

REPÈRE-TOI FACILEMENT GRÂCE AUX PICTOGRAMMES !

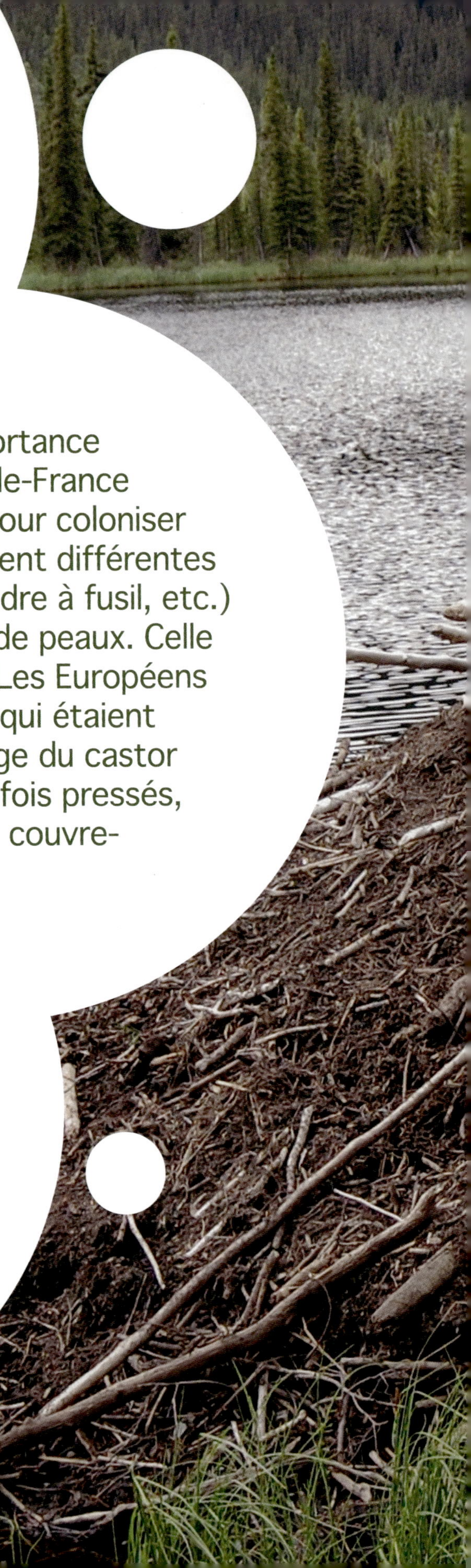

UN PEU D'HISTOIRE

Aux 17e et 18e siècles, le castor s'est révélé d'une grande importance lors de la traite des fourrures en Nouvelle-France (province de Québec). Les Français venus pour coloniser ce territoire (le peupler et le gouverner) offraient différentes marchandises européennes (fruits, miroirs, poudre à fusil, etc.) aux Amérindiens en échange de fourrures et de peaux. Celle du castor est vite devenue très recherchée. Les Européens portaient des chapeaux de feutre de poil qui étaient confectionnés à partir de fourrure. Le pelage du castor était de meilleure qualité, car les poils, une fois pressés, s'entremêlaient de façon à façonner un couvre-chef très résistant.

Le castor est un grand rongeur reconnu pour ses habiletés d’architecte et ses ingénieux barrages.

Le lièvre d'Amérique vit dans la forêt boréale du Canada. La femelle du lièvre se nomme la hase et elle est plus grosse que le mâle.

LE SAVAIS-TU ?

Les oreilles du lièvre ont deux fonctions. Elles lui permettent de percevoir des bruits très fins et d'anticiper la venue de prédateurs. Et elles servent à régulariser la température de son corps en évacuant l'excès de chaleur. Par exemple, le lièvre du désert a des oreilles plus longues qui lui permettent de se rafraîchir et l'aident à supporter le climat aride.

UN BRIN DE CULTURE

Le carcajou n’est pas doué pour la course, mais il a des talents de grimpeur. Il peut gravir des sommets très élevés de roches ou de glace en très peu de temps. Sa force physique et son instinct de survie sont si impressionnants qu’il est la « vedette » de la mythologie autochtone du Canada.

Le carcajou
vit dans la taïga (forêt boréale) et la toundra du Canada. Son nom signifie « esprit maléfique » en langue micmaque. Cette appellation vient du fait qu'il est si redoutable et puissant qu'il déjoue souvent les chasseurs qui tentent de l'attraper.

Au Canada, on retrouve près d'une vingtaine d'espèces de **chauves-souris**. Elles se déplacent par écholocation la nuit. C'est-à-dire qu'elles se servent de l'écho qu'elles produisent en volant pour se repérer.

COMPARAISONS

La plupart d'entre elles émettent des cris qui sont inaudibles pour l'oreille humaine, car trop aigus (les ultrasons). Ces sons sont souvent plus « élevés » que ceux d'un marteau piqueur: plus de 100 dB (décibels). En moyenne, le bruit d'un aspirateur se situe entre 65 et 75 dB et le trafic des voitures entre 70 et 80 dB.

TROUVE L'INTRUS

Selon toi, laquelle de ces affirmations est fausse?

1 Le grand héron peut effectuer une parade nuptiale très élaborée.

2 Le grand héron niche en solitaire.

3 Le mâle et la femelle se chargent tous les deux de couver les œufs et de nourrir les petits.

4 Le grand héron est très patient lorsqu'il chasse. Il peut rester immobile pendant plusieurs minutes pour attraper sa proie.

Le grand héron est le plus grand et le plus répandu des hérons de l’Amérique du Nord. Cet oiseau majestueux mesure de 80 à 90 cm de hauteur. Il niche dans tout le sud du Canada. Il a peu d’ennemis naturels, car son bec effilé peut infliger de sérieuses blessures.

Le renard roux est l'espèce de renard la plus répandue au Canada. Il s'adapte facilement selon le milieu et le climat dans lequel il vit.

UN BRIN DE CULTURE

C’est entre autres pour cette raison qu’on dit qu’il est rusé. Cette particularité a fait du renard un personnage privilégié des contes, des fables et des légendes. Dans Le Petit Prince de Saint-Exupéry, le renard apprend de grandes vérités au petit prince et va même jusqu’à lui dévoiler son secret: « On ne voit bien qu’avec le cœur. L’essentiel est invisible pour les yeux ». Rusé, non ?

ENVIRONNEMENT

Les bélugas ont fait les manchettes ces dernières années, car ils sont en danger. Des produits toxiques qui se retrouvent dans l'eau affectent leur santé et les scientifiques ont relevé un nombre de cancers chez les bélugas aussi élevé que chez l'humain. Le trafic maritime, la taille des navires, les activités liées à l'observation, les collisions entre embarcations et les changements climatiques sont autant des facteurs qui menacent leur survie.

Le béluga
est un cétacé blanc de l'océan Arctique. Au Québec, il existe une population isolée dans l'estuaire du fleuve Saint-Laurent et dans le Fjord du Saguenay.

L'ours polaire, ou ours blanc, est le plus grand ursidé de la planète et le plus grand prédateur de l'Arctique.

ENVIRONNEMENT

Près de 60 % des ours polaires habitent le territoire canadien. La survie de cet animal est menacée. Six espèces sur huit sont considérées comme étant en voie de disparition. Avec le réchauffement climatique, les températures augmentent et, dans l'Arctique, plus rapidement qu'ailleurs. Ce qui fait que son habitat, la banquise, fond littéralement sous ses pattes. Les scientifiques ont démontré qu'il y a un lien entre la fonte de la banquise et le déclin de l'ours blanc.

ANECDOTES

La loutre de rivière arrive à passer 4 minutes sans respirer sous l'eau et même plus si elle ralentit son rythme cardiaque pour consommer moins d'oxygène. Quand elle veut augmenter sa vitesse de nage, elle replie ses pattes de devant contre sa poitrine et celles de derrière contre sa queue et elle fait onduler son corps de bas en haut. En nageant ainsi, elle peut atteindre jusqu'à 11 km/h. De plus, sous l'eau, la loutre de rivière arrive à fermer ses narines et ses oreilles de manière étanche comme si elle avait un pince-nez et des bouchons.

La loutre de rivière est un animal amphibie, c'est-à-dire qui vit autant sur terre que dans l'eau. C'est une championne de la plongée.

L'orignal
est le plus grand des cervidés du Canada. Il peut atteindre près de 3 mètres de longueur et 2 mètres de hauteur. Il impressionne aussi par la taille de son panache qui a la forme d'un éventail. L'orignal inspire puissance et impose respect.

? LE SAVAIS-TU ?

Mais savais-tu que le roi de la forêt est un ruminant herbivore ? Son régime alimentaire s'adapte selon les saisons. En été, il est principalement constitué d'herbes et de plantes aquatiques, comme les nénuphars ; en hiver, de feuillages, de branches et d'écorce d'arbres comme le bouleau, le sapin et le tremble.

ASSOCIATIONS

Le harfang des neiges
est un oiseau de proie qui habite principalement le nord-est du Québec et le Nunavut. On le confond souvent avec le hibou. Il est l'emblème aviaire du Québec. On l'a choisi parce qu'il symbolise la blancheur de l'hiver, le climat semi-nordique et l'immensité du territoire.

Certains autres pays ont aussi leur oiseau emblématique. Selon toi, quel oiseau est l'emblème de chacun de ces pays ?

Inde – Chine - Turquie - Indonésie

Grive mauvis

Aigle de Java

L’ours noir est l’espèce d’ursidé la plus répandue en Amérique du Nord. Il vit dans les Rocheuses canadiennes tout comme le grizzli, aussi appelé ours brun. Ils se ressemblent et il peut être difficile de les distinguer.

COMPARAISONS

Comparons-les : le pelage de l’ours noir varie généralement du blond au brun en passant au noir. La plupart d’entre eux ont une tache blanche dans le cou ou sur l’abdomen. La fourrure du grizzli a souvent des reflets naturels qu’on dit « grisonnants », d’où son nom « grizzly » en anglais qui veut dire grisâtre. Un trait distinctif de l’ours brun est qu’il porte une bosse proéminente au haut des épaules.

UN PEU D'HISTOIRE

Le phoque du Groenland est un mammifère qui préfère vivre en groupe. Il passe la majeure partie de sa vie dans des colonies, entouré de centaines de ses semblables. Il vit sur les glaciers, mais aussi dans l'océan, car il s'agit d'un animal aquatique. Il peut demeurer sous l'eau jusqu'à 18 minutes !

Grâce à
son odorat très
développé, la femelle
peut repérer son petit
parmi des centaines
de blanchons.

Le chien de prairie tire son nom de son habitat principal : les prairies du Canada. C’est un petit rongeur qu’on appelle aussi « écureuil jappeur », car son cri ressemble à l’aboiement du chien.

ANECDOTES

Un scientifique,
le professeur Con Slobodchikoff
qui étudie les chiens de prairie depuis plusieurs années, a découvert qu'ils communiquent entre eux par des phrases. Cette révélation pousse les scientifiques à reconnaître que les chiens de prairie ont des facultés langagières complexes et que probablement tous les animaux en ont, même les insectes.

TROUVE L'INTRUS

Saurais-tu dire dans lequel de ces contes il n'y a pas de grand méchant loup ?

1. Le Petit Chaperon rouge.
2. Les Trois Petits Cochons.
3. Hansel et Gretel.
4. Pierre et le loup.

Le loup du Canada désigne plusieurs espèces de canidés dont le loup de l'Est et le loup de l'Alberta. Il vit en meute (clan) dont la structure est hiérarchisée, ce qui veut dire que le couple dominant (le plus fort) règne sur les autres. Le but de la meute est de garder ses membres unis pour être plus forte. Le loup a longtemps été craint par l'homme. C'est sans doute pour cette raison que cet animal est souvent dépeint dans les contes comme étant féroce.

Réponses :

p. 10-11 : Selon toi, laquelle de ces affirmations est fausse à son sujet ?

réponse : 2 - Il ne niche pas en solitaire, mais bien en colonie.

p. 22-23 : Selon toi, quel oiseau est l'emblème de chacun de ces pays ?

réponse : Inde - Paon bleu, Chine - Grue de Mandchourie, Turquie - Grive mauvis, Indonésie - Aigle de Java

p. 30-31 : Saurais-tu dire dans lequel de ces contes il n'y a pas de grand méchant loup ?

réponse : Hansel et Gretel. À noter que, dans une ancienne version, la maison de sucre était habitée par un loup et non par une sorcière.

Québec
Crédit d'impôt livres
Gestion SODEC
Gouvernement du Québec – Programme de crédit d'impôt pour l'édition de livres – Gestion Sodec

info@lesmalins.ca

Éditeur : Marc-André Audet
Auteure : Jessica Lupien
Correctrices : Fanny Fennec, Fleur Neesham et Dörte Ufkes
Directrice artistique : Shirley de Susini
Mise en page : Nicolas Raymond
Crédits image : Shutterstock

Dépôt légal – Bibliothèque et Archives nationales du Québec, 2016
Dépôt légal – Bibliothèque et Archives Canada, 2016

ISBN : 978-2-89657-382-0
Imprimé en Chine.

Nous reconnaissons l'aide financière du gouvernement du Canada par l'entremise du Fonds du livre du Canada pour nos activités d'édition.

Les éditions les Malins inc.
Montréal, Québec